SAINTE-BEUVE

PARIS. — TYP. WALDER, RUE BONAPARTE, 41.

LES CONTEMPORAINS

SAINTE-BEUVE

PAR

EUGÈNE DE MIRECOURT

PARIS
GUSTAVE HAVARD, ÉDITEUR
15, RUE GUÉNÉGAUD, 15

1855

L'Auteur et l'Éditeur se réservent le droit de traduction et de reproduction à l'étranger.

SAINTE-BEUVE

Au commencement de ce siècle, vivait à Boulogne-sur-Mer un contrôleur principal des droits réunis, intrépide collectionneur de bouquins, très-versé dans les études philologiques, grand ami des poëtes, et quelque peu rimeur lui-même.

Il mourut, en 1804, au bout de huit

mois d'hyménée, sans avoir eu la consolation d'embrasser un fils, qui devait être comme lui bibliomane, poëte et, de plus, critique.

Charles-Augustin Sainte-Beuve naquit le 22 décembre, six semaines après la mort de son père.

Une sœur du défunt se hâta de venir en aide à la veuve, restée sans fortune, et se chargea, par la suite, de tous les frais d'éducation de Charles, dont l'enfance et la jeunesse furent entourées des soins les plus tendres.

Fort chrétiennes l'une et l'autre, sa mère et sa tante en avaient fait une sorte de petit séraphin. Il passait la moitié du jour en prières, servait la messe avec la plus édifiante ferveur, se relevait la nuit pour vaquer à de pieux exercices, et semblait prendre tout droit le chemin du ciel.

Hélas ! il devait s'arrêter dans cette angélique et sainte carrière !

En religion, en littérature et en politique, Charles-Augustin n'a jamais eu beaucoup de consistance.

A quatorze ans, il avait terminé sa seconde dans un pensionnat de Boulogne. Comme les classes de cet établissement n'étaient point assez fortes, il témoigna le désir d'achever ses études à Paris. Le collége Charlemagne et le collége Bourbon virent tour-à-tour les triomphes universitaires du futur Aristarque. Il obtint plusieurs prix au grand concours, entre autres un prix de poésie latine.

Son professeur de rhétorique fut M. Dubois qui devait plus tard être chargé de la rédaction en chef du *Globe*.

Le petit séraphin de Boulogne, au grand scandale de sa pieuse mère, abandonna tout-à-coup ses principes religieux pour devenir philosophe et voltairien.

Il dévora les œuvres des encyclopédistes, adoptant avec enthousiasme le culte de la nature professé par Diderot, et donnant l'approbation la plus complète aux doctrines d'athéisme, prêchées par le baron d'Holbach.

Nous avons sous les yeux les pages de

Joseph Delorme, où Sainte-Beuve préteste qu'en dépit des maximes philosophiques, l'amour du bien ne s'éteignit jamais dans son cœur.

Pour se rendre utile à l'humanité souffrante, et par pure bonté d'âme, il résolut d'étudier la médecine.

Mais déjà tous les démons de la littérature lui avaient soufflé dans le cœur la passion d'écrire.

Comme il était pauvre, il s'appliqua de tout son pouvoir à empêcher cette passion de prendre racine, sachant à merveille que le métier d'homme de lettres n'est rien moins que lucratif, surtout au début.

Il se mit donc à disséquer avec rage,

afin d'échapper aux tentations de la plume.

Mais, quoi qu'il fasse, l'homme ici-bas obéit toujours à son destin.

Sainte-Beuve, enfermé, le soir, dans sa petite chambre de l'hôpital Saint-Louis[1], parcourait les traités de Locke et de Condillac. Involontairement, il appliquait aux livres les procédés que, le matin même, il avait mis en œuvre sur les cadavres : il plongeait dans le ventre de chaque volume le scalpel de l'analyse, disséquait les chapitres et cherchait minutieusement la charpente sous le style.

Cédant de plus en plus chaque jour à

---

[1] Il était élève externe à cet hôpital avec logement.

ses instincts d'anatomie littéraire, il acheta les poëtes, afin de les soumettre à ses investigations curieuses.

Bref, la clinique et l'amphithéâtre eurent tort.

Le diable tentateur triompha sur toute la ligne, et M. Dubois vit, un beau jour, accourir au *Globe* son ancien élève, décidément transfuge de la lancette et du bistouri.

Sainte-Beuve lui apportait ses premiers essais de style.

M. Dubois lut son article, le trouva remarquable, et l'envoya sur l'heure à l'imprimerie.

Le lendemain, les abonnés firent bon

accueil à la prose du jeune homme. Attaché aussitôt à la rédaction du journal, Sainte-Beuve envoya sa démission au directeur de l'hospice Saint-Louis.

Il entrait alors dans sa vingt-deuxième année.

Vers la même époque, l'Académie ayant proposé au concours une étude sur *la littérature française au XVIe siècle*, M. Daunou, compatriote du jeune critique et secrétaire perpétuel de l'Institut, l'exhorta vivement à concourir.

Sainte-Beuve suivit le conseil.

Mais, entraîné par ses recherches et par la fécondité du sujet, il tripla les proportions de la notice, laissa tous ses rivaux étriquer la matière, prit son temps, renonça aux lauriers académiques, et publia, au bout de deux années de travail, un livre dont toute la presse fit l'éloge[1].

Il ne discontinua point, pour cela, ses revues critiques au *Globe*.

Les deux écoles littéraires étaient alors en pleine bataille. Sous quel drapeau se rangera Sainte-Beuve?

Nous le voyons attaquer le romantis-

[1] Il est intitulé: *Tableau historique et critique de la poésie française et du théâtre français au XVIe siècle*. On donna vraiment à cet ouvrage beaucoup plus d'importance qu'il n'en mérite. La littérature naïve du XVIe siècle, si pleine de relief et d'agréable singularité, n'avait encore été l'objet d'aucune appréciation sérieuse. Le livre de Sainte-Beuve trahit l'inexpérience de son âge; les travaux fragmentaires de plusieurs écrivains sont venus le compléter, depuis, et rabattre énormément de sa valeur.

me, dans un compte rendu des *Odes et Ballades*. Son article, fort économe de louanges, signale à Victor Hugo tous les vices de son école, et ne laisse pas entrevoir une seule étincelle de l'enthousiasme brûlant qu'il a fait éclater plus tard pour le génie du poëte.

Victor Hugo se montrait fort sensible aux attaques.

Très-jeune encore, et d'une nature irritable, il eut envie d'aller assommer quelque peu son critique. Les explications à coups de poing étaient alors très-fréquentes sur le terrain littéraire.

Mais on fit comprendre au poëte qu'il était beaucoup plus simple de séduire l'Aristarque du *Globe*, et de l'attacher comme un esclave à son char de triomphateur.

Sainte-Beuve avait connu très-intimement Eugène Hugo, frère de Victor, jeune homme plein d'avenir, qu'un destin cruel tua dans la fleur de l'âge.

Un matin, revenant de la campagne, au point du jour, et se disposant à traverser le Champ de Mars, le critique aperçoit un individu debout sur les hauteurs du Trocadéro.

Il croit le reconnaître, s'arrête et le considère.

Cet individu descend la colline avec une rapidité folle, accourt, lui serre la main, et prononce des phrases étranges. Ses cheveux sont en désordre; il y a du trouble et de l'hallucination dans son regard.

Sainte-Beuve ne s'est pas trompé, c'est Eugène Hugo.

— Vous, au Champ de Mars! murmure le critique, à cinq heures du matin!

— Oui, répond Eugène, d'un ton lent et doux. Hier au soir, je me suis confié aux flots dans une barque, et les flots m'ont amené là. J'y ai passé la nuit; j'ai rêvé... Ah! mon ami! mon ami! je suis bien malheureux!

Et il fondit en larmes.

Sainte-Beuve resta frappé de stupeur. Il eut une peine extrême à ramener à Paris le pauvre jeune homme.

Peu de temps après, eut lieu le mariage de Victor avec mademoiselle Foucher.

Le jour où ils allèrent à l'église demander la bénédiction du prêtre, Eugène les accompagna. Son visage était empreint d'une mortelle pâleur, et, quand on vint le prier de suspendre le voile sur la tête des époux, il eut une sorte de défaillance.

Pendant le repas de noces, au contraire, il se montra d'une gaieté qui tenait du délire. Ses propos incohérents alarmaient tout le monde, sans éclairer personne.

Des symptômes caractérisés d'aliénation mentale se déclarèrent le lendemain.

On comprit tout.

Eugène avait conçu pour celle qui s'était donnée à son frère une passion violente. Comprimé au fond de lui-même, cet amour le brisa.

Il mourut sans recouvrer la raison.

Sainte-Beuve, après quatre ans, n'avait pas oublié cette triste histoire.

Comme toutes les natures un peu aigres et portées à l'injustice, il attribuait aux hommes les torts de la fatalité; il en voulait à Hugo, qui n'avait rien su de la passion de son malheureux frère, et qui eût donné tout son sang pour le sauver.

Si le critique du *Globe* n'osait pas imprimer qu'Eugène aurait eu plus de talent que Victor, il ne se gênait pas pour le dire dans les conversations intimes.

Il flagellait le vivant avec le souvenir du défunt.

On suppose que son amour-propre blessé de n'être point admis au cénacle contribuait à le rendre sévère pour l'auteur des *Odes et Ballades*.

En effet, le jour où il reçut une première invitation qui l'appelait aux soirées de la rue Notre-Dame-des-Champs, il oublia tout-à-coup les fâcheuses impressions du passé; ne parla plus d'Eugène et proclama l'incomparable génie de Victor.

Ses phrases étaient dégagées d'épines, ses articles étaient tout miel.

L'histoire contemporaine a le droit de dire de Sainte-Beuve qu'il s'est fait romantique par orgueil, et non par conviction.

Un jour il devait cesser de l'être par rancune.

Ceci posé, qu'on le juge !

Enchanté d'avoir séduit le dangereux critique, Hugo l'honorait du plus aimable accueil.

Apprenant que son nouvel hôte essayait, dans ses heures de loisir, d'éperonner Pégase, il le pria de lui lire quelques-unes de ses poésies, les déclara magnifiques, et l'exhorta vivement à les publier.

— Joignez-vous donc à moi, disait-il

à de Vigny. C'est un poëte, c'est un des nôtres. Il a du talent. Dites-lui d'imprimer ses vers.

Une voix secrète avertissait Sainte-Beuve qu'il ferait beaucoup mieux de continuer à éplucher ceux d'autrui, que de livrer les siens à la publicité. Mais Victor, fin diplomate, voulait à toute force désarmer le critique, lui rogner les ongles et le rendre à tout jamais solidaire de son école.

Un jour, il lui adressa ce vers solennel, dans une de ses odes :

> Étoile, étoile, lève-toi!

Vaincu par une aussi flatteuse apostrophe, Sainte-Beuve se mit à écrire d'arrache-pied son premier volume de poésies.

Nous le voyons, dès ce moment, brûler, en l'honneur du cénacle, les parfums les plus purs.

Il s'écrie avec transport :

> . . . . Je les ai tous connus !
> Ils étaient grands et bons. L'amère jalousie
> Jamais, chez eux, n'arma le miel de poésie
> De son grêle aiguillon,
> Et jamais, dans son cours, leur gloire éblouissante
> Ne brûla d'un dédain l'humble fleur pâlissante,
> Le bluet du sillon [1].

Ce modeste bluet, comme on le devine, était Sainte-Beuve lui-même. Il jugea convenable de se cacher sous le voile de cette métaphore touchante.

Devenu le plus chaud défenseur, le plus intrépide soutien du romantisme, il

---

[1] *Le Cénacle*, page 65. (Poésies complètes de Sainte-Beuve.)

se lie avec tous ses jeunes représentants. Outre l'amitié précieuse de Victor, il obtient celle de Lamartine, d'Alfred de Vigny, d'Émile et d'Antony Deschamps. Il porte dans son cœur toute la pléiade.

Enfin son fameux recueil poétique voit le jour.

Sainte-Beuve juge convenable de l'abriter sous un pseudonyme. Il attribue ses vers à un jeune écrivain, Joseph Delorme, mort de pulmonie, et donne, en guise de préface, une notice biographique du personnage.

C'est l'histoire de Sainte-Beuve, sa propre histoire, écrite avec des larmes, comme c'était la mode alors.

Il y révèle une multitude de souffrances inconnues, triste héritage du poëte.

Or, le *Charivari* se montra fort peu touché de ces lamentations. De plus, le *Constitutionnel*, indigné des doctrines esthétiques de l'auteur, et voulant le punir de son peu de respect pour Racine et pour Boileau, lui décocha un pamphlet plein d'amertume, intitulé : LA CONVERSION D'UN ROMANTIQUE, *manuscrit de Jacques Delorme, frère de Joseph.*

M. Jay fut le Jupiter tonnant qui foudroya Sainte-Beuve.

Dans le premier recueil poétique de l'ami du Cénacle, on trouve, nous devons en convenir, des morceaux délicieux de simplicité ; [1] malheureusement ils sont rares.

[1] Nous citerons, entre autres, *le Calme.* — *Oh! laissez-vous aimer!* — *La Causerie au bal.* — et *Mes Rêves.*

Il est regrettable que M. Sainte-Beuve, qui sent si bien la poésie des choses vulgaires, rende cette poésie avec aussi peu de bonheur.

Presque toujours ses images sont au-dessous de la réalité même.

Son rhythme est embrouillé, difficile, tortueux, obscur, pénible à lire et à comprendre.

A cette époque, il parlait encore la langue de tout le monde.

Mais, dans son désir extrême de ne ressembler à aucun de ses contemporains ni à nul poëte antérieur, il créa, depuis, ce style anormal, ténébreux, étrange, incompréhensible, qui rend insoutenable la lecture de son troisième recueil [1], de *Volupté* et de *Port Royal*.

Parler des poésies de Sainte-Beuve, et ne pas mentionner les *Rayons jaunes*, serait un oubli que ne pardonneraient jamais nos lecteurs.

Les voyez-vous éclater sur les pages de son livre ces fameux rayons...

> Plus *jaunes*, ce jour-là (le dimanche) que pendant
> [la semaine?...]

> La lampe brûlait *jaune*, et *jaune* aussi les cierges,
> Et la lueur glissant aux fronts voilés des vierges
> *Jaunissait* leur blancheur,
> Et le prêtre, vêtu de son étole blanche
> Courbait un front *jauni*, etc...

[1] Le second, qui a pour titre *Consolations*, parut en 1830. Sainte-Beuve semble y répudier sa manière. Il gagne à n'être plus lui-même. On a dit avec assez de raison que cette œuvre n'était qu'un écho des *Méditations* de Lamartine et des *Orientales* de Victor Hugo.

Qui n'a du crucifix baisé le *jaune* ivoire ?
Qui n'a de l'Homme-Dieu lu la sublime histoire
Dans un *jaune* missel ?

Sainte-Beuve eut la jaunisse, après avoir écrit cette pièce remarquable, tant il s'était profondément pénétré de son sujet.

Cependant les abonnés du *Globe* continuaient de savourer la prose du critique-poëte.

Il devint le collaborateur le plus actif de ce journal, et le rédigea presque à lui seul pendant six semaines. On assure qu'il essaya d'y introduire ses amis de la nouvelle école [1] et leurs doctrines.

[1] Joseph Delorme avait alors beaucoup d'amis. En tête de chacune de ses pièces de vers, on peut lire :

Mais sa tentavive ne fut pas heureuse.

Repoussé avec perte, les romantiques entraînèrent Sainte-Beuve dans leur déroute. Il cessa de faire partie de la rédaction du *Globe*.

Notre critique en chômage passait toutes ses journées chez Victor Hugo, qui avait alors transporté ses dieux lares au n° 6 de la place Royale.

Rien n'était plus charmant que cet intérieur.

Un poëte heureux, admiré, couronné de gloire; une jeune mère, au front

« A mon ami D., — à mon ami V. H., — à mon ami K., — à mon ami A. de V., — à mon ami L., — à mon ami R., etc. Toutes les initiales y passent. De ces nombreux amis, combien lui en reste-t-il? Tout-à-l'heure il nous l'apprendra lui-même.

noble et pur, aux grâces sans coquetterie ; de beaux enfants qui jouaient autour des grands meubles, tout respirait la joie, tout enchantait le regard.

Pourquoi les Gorgones politiques sont-elles venues montrer leur tête hérissée de couleuvres derrière ce doux tableau de famille? Pourquoi le grand poëte a-t-il retiré sa main de celle de la Muse, pour la tendre à ces hideuses mégères ?

Tout est souillé, tout est perdu.

Le bonheur s'éclipse au ciel noir de l'exil, et les joies intimes, les pieux épanchements du foyer ne se trouvent que dans la patrie.

M. Sainte-Beuve cessa tout-à-coup de

hanter le salon de la place Royale. Il paraît que ses visites étaient devenues impossibles.

On ne donne pas le motif de la rupture.

Victor Hugo continua d'être heureux; la jeune mère continua de caresser ses beaux enfants avec le calme solennel de la vertu, sans éprouver du départ de son hôte ni regret ni trouble.

Pendant plusieurs mois, on n'aperçut plus le critique.

Il chercha dans le travail l'oubli de ses pensées amères, se casernant au milieu de ses livres, et menant une existence de bénédictin.

Comme son illustre confrère des *Dé-*

bats, Sainte-Beuve a la passion du volume, non pour ce qu'il contient, mais pour le volume même. Il le respecte, il le mignote, il a horreur des cornes aux feuillets, des taches d'encre et de la poussière.

Toujours comme ce bon monsieur Janin, il coupe les pages vierges avec de longs ciseaux, fabriqués *ad hoc*, et prétend obtenir ainsi une section plus franche qu'avec le couteau de bois ou d'ivoire.

Nos deux critiques ont beaucoup d'autres analogies, qu'il serait trop long de déduire.

Signalons seulement l'incohérence et le décousu de leurs œuvres, le maniéré de leur style, et la fatigue universelle qu'occasionnent leurs périodes.

La *Revue de Paris* s'attacha Sainte-Beuve, et bientôt la *Revue des deux Mondes*, placée déjà sous la tutelle de Buloz, éprouva le besoin de publier les *Critiques et Portraits littéraires*, interminables études sur les poëtes et les prosateurs des XVIIe, XVIIIe et XIXe siècles.

Depuis lors jusqu'à l'époque présente, ces études se sont perpétuées, tantôt dans un journal, tantôt dans un autre.

Elles forment huit gros volumes.

Notre écrivain, dans la préface, annonce qu'il s'intéresse beaucoup aux petites choses, et chaque article de ce long ouvrage le prouve.

On n'y rencontre aucune doctrine littéraire, aucun aperçu élevé.

Le tout abonde, il faut le dire, en observations fines et souvent justes ; mais c'est une succession de petits jugements qui ne composent jamais un ensemble.

Sainte-Beuve aime à expliquer les grandes choses par les petites, ou plutôt les grandes choses lui échappent. Il recherche avec curiosité comment tel ou tel écrivain se comportait dans la circonstance la plus insignifiante de sa vie. Ce point trouvé, il en fait sortir tout un système de critique.

Il juge l'œuvre et l'homme par la manière dont ce dernier, par exemple, s'habille ou mange sa soupe.

Malgré ces défauts, les *Critiques et Portraits* sont une œuvre intéressante.

L'auteur ne relève, du reste, que de ses propres impressions et ne subit aucune influence étrangère. Souvent on l'a vu reprendre son manuscrit chez l'imprimeur, plutôt que d'y opérer les changements que Buloz exigeait.

N'allez pas en conclure que sa critique soit impartiale.

Il apporte, un jour, à la *Revue des Deux Mondes* le portrait de Janin.

Buloz, en querelle avec le feuilletoniste des *Débats*, réclamait un éreintement absolu. Trouvant un article plein de déférence il se fâche.

— Eh! s'écrie-t-il, ce n'est point là ce

qu'il me faut! Janin mérite autre chose.

— Je n'en disconviens pas, répond Sainte-Beuve; mais je tiens à rester au mieux avec lui.

Maintenant ajoutez foi aux appréciations de l'homme.

Sainte-Beuve est une nature faible, chancelante, incertaine, un caractère en dessous, un esprit craintif, sans énergie pour le bien comme pour le mal.

Chez lui l'homme et l'écrivain se ressemblent.

Dans la vie comme dans les lettres, il procède par insinuation, par tâtonnement; il recourt sans cesse à l'analyse et se perd dans les détails comme dans un labyrinthe.

Élevé par des femmes, il en a toutes les petites faiblesses, toutes les allures câlines et douteuses, tous les instincts de commérage. En logique il trébuche, en littérature il s'embrouille, en politique il patauge, en amour il compromet sans vaincre.

Buloz disait de lui :

— C'est un mouton enragé. La rancune l'étouffe, et il n'a pas la force de la vengeance.

A partir du jour où il n'est plus admis à la place Royale, Sainte-Beuve cesse de chanter le *grand Victor*. Il ne lui écrit plus comme dans la préface des *Consolations* :

« Vos rêveries ont gagné avec l'âge

un caractère religieux, austère, primitif et presque accablant pour notre pauvre humanité d'aujourd'hui. Quand vous avez eu assez pleuré (Sainte-Beuve entend que tout bon poëte pleure), vous vous êtes retiré à Pathmos avec votre aigle, et vous avez vu clair dans les plus effrayants symboles; Rien désormais qui vous fasse pâlir; vous pouvez sonder toutes les profondeurs, ouïr toutes les voix; vous êtes familiarisé avec l'infini. »

Le bon temps de ces louanges apocalyptiques est passé.

Quand l'Aristarque ne trouve rien de défectueux dans la forme et dans le rhythme du puissant maître, il suspecte hypocritement la sincérité de son cœur et la moralité de ses œuvres.

Ceci eut lieu surtout à propos de l'ode célèbre *Date lilia*, dans les *Chants du Crépuscule*.

Une fois lancé sur le chemin de la rancune et de l'aigreur, Sainte-Beuve s'applique de la façon la plus sournoise à démolir tous les talents et à obscurcir toutes les gloires, qu'il a proclamés autrefois et mis en lumière, à l'époque où il avait des amis.

Un jour, il fait une découverte admirable.

Il annonce très-nettement au monde des lettres que Méry n'est point un poëte.

Sa rage de démolition s'étend jusqu'aux œuvres de Balzac. Il vient en aide à Janin pour essayer de renverser de son piédestal le grand peintre de mœurs, s'y appliquant avec moins de violence peut-être, mais avec autant de perfidie.

Leurs dents se sont usées sur la lime.

« La *Physiologie du mariage*, dit Sainte-Beuve, est une macédoine de saveur mordante et graveleuse. Le hasard et l'accident sont pour beaucoup jusque dans les meilleures productions de M. de Balzac. Il a sa manière, mais vacillante, inquiète, cherchant souvent à se retrouver elle-même. On sent l'homme qui a écrit trente volumes avant d'acquérir une manière. Quand on a été si longtemps à la trouver, on n'est pas bien sûr de la garder toujours. »

Si jamais le code pénal s'avise de châtier les crimes de la critique, nous proposons de condamner Sainte-Beuve et Janin à se relire.

En leur souhaitant cette punition, nous sommes presque barbare.

A moins toutefois que ces messieurs n'aient perdu toute vergogne, car il y a des grâces d'état.

Ce qui va suivre en est une preuve.

« Je suis l'esprit le plus brisé et le plus rompu aux métamorphoses. J'ai commencé franchement et crûment par le xviiie siècle. De là, *je suis passé* par l'école doctrinaire et psychologique du

Globe, mais en faisant mes réserves et sans y adhérer. De là, *j'ai passé* au romantisme poétique et par le monde de Victor Hugo, et j'ai eu l'air de m'y fondre. »

C'est M. Sainte-Beuve qui parle.

Vraiment, il est impossible de convenir de ses variations avec plus de négligence grammaticale et plus de candeur.

Entremêlant les aveux politiques aux aveux littéraires, il confesse qu'il a cultivé tour à tour le saint-simonisme, le système catholico-républicain de Lamennais, le calvinisme et le méthodisme.

Seulement, il ajoute, en guise de restriction :

« Dans toutes ces traversées, je n'ai jamais aliéné ma volonté et mon jugement, hormis un moment dans le monde de Hugo et par l'effet d'un *charme*. (O critique! vous en dites plus par ce seul mot que nous n'en avons osé dire ! Quels yeux vous charmaient place Royale? Sur qui osiez-vous arrêter vos regards?) Je n'ai jamais engagé ma croyance, mais je comprenais si bien les choses et les gens que je donnais les plus grandes espérances aux *sincères* (lisez *dupes*) qui voulaient me convertir et me voyaient déjà à eux [1]. »

---

[1] Si nos lecteurs désirent voir d'autres citations, ils peuvent les trouver dans le remarquable article d'Eugène Pelletan, publié dans *le Siècle*, le 5 février dernier.

Voilà, certes, une confession fort édifiante !

Si Balzac a cherché sa manière pendant trente volumes, il en faudra bien davantage à Sainte-Beuve pour trouver sa conviction.

Ne disiez-vous pas tout-à-l'heure, monsieur, que vous n'aviez jamais aliéné nulle part votre volonté et votre jugement ? Que signifie donc alors cette phrase, écrite par vous, au sujet des brochures politiques de l'auteur des *Martyrs*?

« Nous en serions fort mauvais juge (des brochures), incapable que nous sommes, par suite d'habitudes anciennes et de *convictions démocratiques*, d'entrer dans la fiction des races consacrées. »

Ce n'est pas tout.

Veuillez avoir des souvenirs moins fugitifs et vous rappeler ce bon temps, où vous étiez attaché au *National*.

En compagnie d'Armand Carrel (c'est vous qui daignez nous l'apprendre), « vous fîtes un jour une excursion pour aller ramasser *au pied des guillotines* le testament sacré de vos pères républicains. »

Au pied des guillotines, monsieur !

Sans doute vous n'avez pas songé à tout ce que ces mots ont de sinistre et d'infâme.

Mais passons là-dessus.

On vous a puni récemment d'une façon trop cruelle de vos métamorphoses littéraires et politiques, pour que nous insistions davantage. Un homme à terre nous désarme.

Au moment où il atteignait l'apogée de sa gloire de critique, Sainte-Beuve eut la satisfaction de se voir harcelé, chaque matin, par un éditeur, qui voulait à tout prix, disait-il, avoir un roman de la plume la plus élégante du siècle.

Il parlait de la plume de Joseph Delorme.

Extrêmement flatté du tact admirable et du bon goût de ce libraire, le critique ne voyait pas néanmoins dans quel but il ferait des livres, quand il lui en restait un si grand nombre à dépecer.

Mais l'éditeur devenait assommant à force d'instances. Il fallut céder de guerre lasse.

— Eh bien, soit, dit Sainte-Beuve, je vous le ferai, ce roman.

— Bon! quel en sera le titre?

— Le titre... peu m'importe! Choisissez-le vous-même. Nous arrangerons toujours cela.

Congédié sur cette réponse, l'éditeur se creuse la tête, cherche, combine, et finit par trouver un titre splendide.

Il annonce *Volupté*, par M. Sainte-Beuve.

Or, entre cette première annonce et la publication du livre, deux années s'écoulent. Notre impatient libraire, sur de trompeuses espérances de copie, orne à chaque instant la couverture jaune des romans qu'il édite, de ces mots triomphants :

« Sous presse : *Volupté*, par M. Sainte-Beuve.

« Très-incessamment, *Volupté*, par M. Sainte-Beuve.

« Au premier jour, *Volupté*, par M. Sainte-Beuve. »

Cela n'en finissait plus.

On s'inquiétait, on s'adressait mille questions relatives à cette *Volupté*, qui tardait tant à paraître ; on assiégeait la boutique du libraire. Les journaux demandaient à cor et à cris la *Volupté* promise.

Bref, on classa *Volupté* dans la catégorie des canards.

Si l'on parlait d'une chose fabuleuse, irréalisable, impossible, on donnait *Volupté* pour exemple.

Aiguillonné, plaisanté, tourmenté, réduit aux abois, Sainte-Beuve prit le parti d'écrire le fameux roman.

Volupté parut en 1834.

Ceux qui s'attendaient à une lecture agréable furent victimes d'une mystification complète : Absence d'intérêt, nullité d'action, langueur soporifique du récit, voilà ce qu'ils rencontrèrent dans cet ouvrage si longtemps attendu.

Quant à ceux dont le goût s'arrange d'une élocution tortillée, haletante, confuse, d'un style plein de grimaces et de minauderies, beaucoup moins propre à exprimer la pensée qu'à la contrefaire, ceux-là durent être dans le ravissement.

Voulez-vous un échantillon de ce style enchanteur ?

« Noble jeune fille qui, debout, sans vous lasser, si fermement enchaînée au seuil d'une première espérance, ressemblez à une jeune juive au bord d'une fontaine ou d'un puits, les mains dans vos vêtements, attendant que le serviteur peu fidèle revînt placer sur votre tête l'urne pesante, ou déjà ne l'attendant plus, mais restant, regardant toujours, n'appelant jamais, jamais importune, même dans le plus secret désir, appuyée sur votre gentille Madeleine qui grandit moins folâtre et qui n'a pas surpris une seule de vos larmes ! O sublimité simple de la volonté et du devoir ! quel retour il se faisait en moi-même chaque fois qu'ainsi vous m'apparaissiez. »

Nécessairement vous n'avez pas compris ; nous sommes obligé de traduire.

Tout ce pompeux galimatias a la prétention de vous expliquer comme quoi l'héroïne du livre attend avec une noble

---

1 *Volupté*, tome II, page 66.

patience que l'homme choisi par son cœur la demande en mariage.

Le biographe Loménie déclare que Sainte-Beuve est un des écrivains les plus originaux de ce temps-ci.

Nous sommes entièrement de cette opinion.

Bien que le sujet de *Volupté* soit moral, l'auteur se complaît çà et là dans mille peintures trop consciencieuses, qui en rendent la lecture pleine de périls.

On refusera peut-être de nous croire si nous affirmons que, chez le fantasque écrivain, les obscurités, les longueurs, l'entortillage sont choses délibérées et réfléchies.

Pourtant rien n'est plus véritable.

De la part de Sainte-Beuve tout est volontaire, même les incorrections et les négligences.

Il faut le voir, dans les imprimeries, s'épuiser avec les ouvriers typographes en dissertations subtiles, en raisonnements pointilleux, pour les convaincre de la nécessité de telle ou telle ponctuation, et leur en faire admirer le bon effet.

On le trouve là des heures entières, courbé sur les casses, à suivre de l'œil les changements qu'il indique.

Sainte-Beuve est le cauchemar des protes et l'effroi des compositeurs.

Il ferait pendre un homme pour une

virgule omise ou pour un point déplacé.

Toutes ces minuties typographiques lui donnent des livres corrects, mais qui ne se vendent en librairie qu'à un nombre fort restreint d'exemplaires. Sainte-Beuve ne s'est point encore enrichi, et ne s'enrichira probablement jamais par la plume.

En 1837, il publia son dernier recueil de vers, qui a pour titre : *Pensées d'août*.

C'est le pire de tous.

Sa poésie, digne sœur de sa prose, en a les ridicules et les défauts : obscurité, préciosité, difficulté, bizarrerie. Elle manque absolument de tout ce qui constitue l'essence lyrique, et Sainte-Beuve a raison de dire de lui-même :

> Mon cœur n'a plus rien de l'amour,
> Ma voix n'a rien de ce qui chante.

Ce singulier poëte persiste à explorer le domaine des choses communes d'une façon vulgaire et presque triviale.

Nous en donnons un exemple pris au hasard :

> Dans ce cabriolet de place j'examine
> L'homme qui me conduit, qui n'est plus que machine,
> Hideux, à barbe épaisse, à longs cheveux collés :
> Vice et vin et sommeil chargent ses yeux soûlés.
> Comment l'homme peut-il ainsi tomber ? pensais-je,
> Et je me reculais à l'autre coin du siége.
> — Mais Toi, qui vois si bien le mal à son dehors,
> La crapule poussée à l'abandon du corps,
> Comment tiens-tu ton âme au dedans ? Souvent pleine
> Et chargée, es-tu prompt à la mettre en haleine ?
> Le matin, plus soigneux que l'homme d'à côté,
> La laves-tu du songe épais ? et dégoûté,

Le soir, la laves-tu du jour gros de poussière ?
Ne la laisses-tu pas sans baptême et prière
S'engourdir et croupir, comme ce conducteur,
Dont l'immonde sourcil ne sent pas sa moiteur ?[1]

Boileau, si méprisé de M. Sainte-Beuve, viendrait par hasard à quitter la tombe et à lire ces lignes, qu'il inviterait à l'instant même un semblable poète à prendre la truelle.

Soyez plutôt maçon, si c'est votre métier.

Après avoir offert au public les *Pensées d'août*, Sainte-Beuve se rendit à Lausanne.

La vieille cité helvétique désirait l'entendre faire un cours sur Port-Royal. Elle lui expédia deux membres de son Institut, qui invitèrent solennellement le

---

[1] *Pensées d'Août* (Poésies complètes, page 341).

critique à monter dans une chaire d'histoire.

Sainte-Beuve accepta.

Depuis son exil de la place Royale, il s'était profondément enfoncé dans toutes sortes d'études fantasques, pour échapper à ses souvenirs et à ses regrets.

Il est un jour aride et triste
Où meurt le rêve du bonheur :
Voltaire y devint raisonneur,
Et moi, j'y deviens janséniste [1].

Va donc pour le jansénisme !

Il fit son cours à Lausanne pendant une année entière.

Nous avons connu plusieurs personnes qui en suivaient régulièrement toutes

[1] Poésies complètes, page 463.

les séances. Elles nous certifient que les Suisses y dormaient comme des bienheureux.

Le sommeil est une bonne chose.

En reconnaissance, l'académie de Lausanne admit Sainte-Beuve au nombre de ses membres.

Revenu à Paris, il publia la substance de son cours en trois énormes volumes, où il s'attache exclusivement à restaurer le genre ennuyeux, pour lequel, du reste, il a toujours eu la plus ardente prédilection.

Trahit sua quemque voluptas.

Ceci nous explique pourquoi Sainte-Beuve y excelle.

En exhumant cette question morte de

la grâce, qui occasionna des disputes si violentes entre la Sorbonne et Port-Royal, ou, pour mieux dire, entre Rome et les disciples de Jansénius, il y avait, certes, moyen de faire un beau livre. D'un côté la compagnie de Jésus avec le pape et Louis XIV, de l'autre le jansénisme avec Arnaud et Pascal; quelle lutte grandiose! quelle mise en scène! quel tableau magnifique à peindre!

Mais Sainte-Beuve manque absolument d'horizon; ses idées sont étroites, son coup d'œil est nul. C'est un peintre myope qui n'embrasse jamais qu'une faible partie de son modèle.

Dans cette grande histoire il n'aperçoit qu'un détail imperceptible.

Il se baisse pour mieux le regarder, le retourne, le contemple et l'analyse.

Puis, autour de ce point microscopique, il groupe les considérations les plus extravagantes. Sous la poudre des chroniques du temps, il recherche les historiettes les plus saugrenues, les anecdotes les plus burlesques, et, de tout ce fatras apocryphe, il tire une multitude de conséquences louches et boiteuses.

Les héros de son livre sont des jansénistes maniaques et inconnus, des religieuses folles ou visionnaires.

Mais voici le plus curieux.

Sainte-Beuve cesse tout-à-coup d'être myope; il a trouvé d'excellentes lunettes, et sa vue prend une portée merveilleuse.

Derrière les jansénistes et les béates insensées qu'il fait discourir, il voit poindre au loin, dans la brume des âges, Mirabeau, Bernardin de Saint-Pierre, Chateaubriand, Royer-Collard, Villemain et, — jugez du prodige! — madame George Sand.

Il paraît même que le lion de la constituante n'a fait qu'imiter servilement une religieuse janséniste, lorsqu'il s'écria par un mouvement oratoire sublime :

« *Allez dire à votre maître......* » On sait le reste.

Cinquante ans avant lui, la mère Angélique avait jeté cette phrase fougueuse aux envoyés de Louis XIV, en leur signifiant qu'elle ne sortirait de Port-Royal que par la force des baïonnettes.

Mais voici bien une autre histoire.

Se livrant à une petite excursion en dehors de son sujet, M. Sainte-Beuve nous apprend que François de Sales n'était que le précurseur de Lamartine, et que, dans les livres de l'évêque de Genève, le chantre d'*Elvire* existait à l'état d'embryon.

Ce procédé bizarre de parallèles rétrospectifs et de prédictions après l'événement n'a rien qui doive surprendre chez cet écrivain à l'imagination terre à terre et à l'esprit infirme.

Sainte-Beuve, comme prosateur, est rétréci dans ses allures ; comme poëte, il n'a point d'ailes. Ce que parfois, dans ses œuvres, on est tenté de prendre pour de la finesse, tient à la ténuité même de ses conceptions, et doit s'appeler défaut d'ampleur..

Port-Royal est un livre comme il n'en a jamais été écrit, comme il ne s'en écrira jamais.

Nous ne résistons pas au désir de donner la définition de la *grâce* par M. Sainte-Beuve, et nous espérons que le biographe Loménie continuera de s'extasier avec nous devant l'originalité de cet écrivain.

« La grâce cristallise l'âme, qui, aupa-

ravant, était vague, diverse et coulante.
Oui, cette âme qui coulait et tombait
comme un fleuve de Babylone, réfléchissant au hasard ses bords, s'arrête,
se fixe d'un coup, prend. (*Sic.*) Elle se
redresse en cristal pur, en diamant, et
devient une citadelle de Sion, brillante,
inexpugnable. Tous les contraires s'y associent ; ce qui était coulant jusqu'alors
et fugitif, y devient fixe et solide ; ce qui
était dur et opaque y devient jaillissant
et lumineux ; l'eau devient cristal, le rocher devient source, tout devient lumière. C'est, en un mot, la cristallisation,
non pas seulement fixe, mais vive ; non
pas de grâce, mais de feu ; une cristallisation active, lumineuse et enflammée. »
Dispensons-nous des commentaires.

O grand auteur des *Provinciales*, pourquoi ne les as-tu pas rédigées dans ce style!

Trente ou quarante pages plus loin s'imaginerait-on que M. Sainte-Beuve tourne en ridicule la manière d'écrire de François de Sales, en disant que l'auteur de l'*Introduction à la vie dévote* fait assister ceux qui le lisent à toute une opération à l'alambic?

Voici la phrase du saint évêque.

« Dieu met bien souvent dans le fond de notre âme le feu sacré de son amour; puis cet amour se convertit en l'eau de plusieurs fontaines, lesquelles, par un second changement, se convertissent en un autre plus grand feu d'amour. »

Des deux échantillons, lequel préférez-vous ?

Notez, s'il vous plaît, que François de Salles écrivait deux cents ans avant Sainte-Beuve, à une époque où la langue française était encore au berceau.

Champfort a dit :

« L'homme est un étrange animal, si j'en juge par moi. »

Sainte-Beuve offensé réplique :

— « Parlez pour vous tout seul ! »

Mais, peu d'années après, faisant un retour sur lui-même, et rendant hommage à la justesse de l'axiome, il dit à son tour :

— « Il est vrai que l'homme est un animal. »

A la bonne heure !

Tôt ou tard la vérité triomphe.

On a beau la nier un instant, elle finit toujours par recevoir les hommages du plus incrédule.

Entre les mille locutions, aussi élégantes que judicieuses, employées par l'auteur de *Port-Royal* et de *Volupté*, nous demandons à citer celles qui vont suivre :

« *Pieds tranquillisés, — sentiments grondants, — cheveux maigris, — zéphyrs mûrissants, — côteaux modérés, — âme modique, — âme seconde, — pentes bienveillantes, — sentiments fougueusement austères, — incubations infertiles, — don inoccupé, — homme* étroitement casé et non rétréci, — incubation de piété mûrissante, etc., etc. »

Le biographe Loménie doit être dans toute la jubilation de son âme, lui qui pose M. Sainte-Beuve en redresseur de mauvais langage, lui qui admire si fort les charmes de sa manière.

Nous l'avons dit, l'auteur de *Port-Royal* n'a point amassé de rentes avec ses livres.

Toutefois, comme il se place de lui-même au premier rang des écrivains modernes, il tient à paraître riche et à se faire une réputation de générosité.

Un de ses secrétaires successifs, homme de lettres fort pauvre, avait ordre de crier sur les toits que son patron lui donnait douze cents francs d'honoraires.

Mais tout bas, et bien mystérieusement, le triste jeune homme avouait à ses amis qu'il n'avait que cent écus de fixe, et fort peu de casuel.

Vers 1840, le petit Rémusat, alors ministre (qui n'a pas été ministre sous les d'Orléans?) vint en aide à Sainte-Beuve et combla les lacunes de son budget, en lui donnant la place de conservateur à la bibliothèque Mazarine.

Cette récompense était due, non pas au mérite intrinsèque des ouvrages de l'auteur, mais à sa carrière studieuse.

Il est fâcheux seulement que M. de Rémusat ait gratifié le critique de cet emploi, juste au moment où celui-ci venaît de lui brûler des parfums sous les narines.

M. de Rémusat, vous l'ignorez peut-être, est un grand faiseur de couplets.

S'il ne les imprime pas, il les chante à ses amis après boire, et Sainte-Beuve, en parlant des aimables gaudrioles du ministre, l'avait appelé *le Rival inédit de Béranger*.

Ce coup d'encensoir l'envoya droit à la bibliothèque.

Grâce à nombre de jugements aussi défectueux, et grâce aussi, sans doute, aux burlesques déductions historiques de *Port-Royal*, la duchesse d'Abrantès ne nommait plus Sainte-Beuve que Sainte-Bévue.

Le mot eut un succès désagréable pour le nouveau bibliothécaire.

Il ne pouvait plus sortir de son domicile, sans voir le maudit anagramme écrit en lettres monstres sur les murs du quartier latin. Les étudiants n'ont jamais aimé Sainte-Beuve : ils le lui prouvent toutes les fois que l'occasion s'en présente.

En 1844, notre héros, jugeant son bagage littéraire assez copieux, le chargea triomphalement sur ses épaules, et se dirigea vers le fauteuil académique.

A cette époque, il avait déjà perdu beaucoup d'amis.

La nécessité des visites fut un grand déboire, surtout lorsqu'il fallut se présenter chez Victor Hugo. Mais le grand poëte ne s'abaissa point aux petitesses de la rancune.

Il se vengea, comme se vengent les rois, par la clémence.

Outre son propre suffrage, il en donna quinze autres à l'homme qui s'était jadis assis à son foyer, et qui ne pouvait plus s'y asseoir.

Ce fut encore l'auteur de *Notre-Dame* qui, l'année suivante, reçut Sainte-Beuve à l'Académie.

Toutefois, comme on le présume, il n'y eut entre eux aucun rapprochement véritable. Les torts du critique étaient de ceux qu'on pardonne peut-être, mais qu'on n'oublie jamais.

Soit par suite de ses revirements d'opinion, soit que ses articles eussent laissé de l'amertume au fond des cœurs, Sainte-Beuve ne trouva que de médiocres sympathies dans l'assemblée des Quarante.

Il est certain que très-souvent toutes les apparences de l'ingratitude furent contre lui.

Sans parler davantage de sa conduite envers Hugo, il lui arriva, peu de temps après son installation sur le fauteuil, d'écrire des lignes remplies d'une malveillance sournoise contre Villemain et contre Cousin, qui l'un et l'autre avaient contribué puissamment à faire triompher sa candidature:

— Je n'ai, disait l'académicien de fraîche date, que trois amis à l'Institut : Ampère, Mérimée, et ce vieil imbécile de X***. Tous les autres ne peuvent pas me souffrir.

Hors du palais Mazarin, le critique se brouilla même avec son cher Buloz.

Les bienséances ne nous permettent pas de divulguer non plus les raisons de cette autre rupture. On se contentera de savoir que la femme d'un journaliste assez en vogue lança dans leurs jambes la pomme de discorde.

Voilà ce que l'on gagne à rester vieux garçon.

— Mais aussi pourquoi ne vous mariez-vous pas ? s'écriait Janin. Suivez mon exemple, vous vous en trouverez mieux.

— Non, je suis trop laid, répondait Sainte-Beuve.

— Alors, que diable! on renonce aux intrigues! on se rabat sur « les filles de la race déchue, » comme vous dites dans *Volupté*.

La citation flatta notre janséniste, et l'empêcha de gourmander Janin sur le cynisme du conseil.

Jamais Sainte-Beuve n'a eu d'attrait pour la vie de bohême pure et simple. Les mœurs débraillées de beaucoup de gens de lettres trouvent en lui un censeur sévère. Il prêche éternellement le décorum et la nécessité de jeter un voile sur les faiblesses de notre pauvre nature. Si parfois on le prend en faute, c'est moins le résultat d'un manque de précautions que l'effet d'une chance malheureuse.

Pour ne pas l'humilier, nous tairons l'anecdote du *parapluie vert*, prêté à mademoiselle Angélina, l'Anglaise.

Nous ne dirons pas non plus dans quel salon sa mauvaise étoile voulut qu'on le surprît un soir.

Voyant entrer tout-à-coup un littérateur imberbe, qu'il protégeait, Sainte-Beuve, toujours fidèle à ses prédications morales, s'écria sur un ton fort scandalisé :

— Comment, jeune homme, vous ici !

L'apostrophe ne manquait pas d'aplomb.

Mais notre critique est ainsi fait, rien ne le déconcerte. Il déclare à qui veut l'entendre, qu'il ne fréquente que les maisons honnêtes; les cercles du grand monde, les sociétés d'élite.

A l'Abbaye-aux-Bois, il était un des visiteurs les plus assidus de madame de Récamier.

Dans cet autre cénacle, éminement puritain, souvent on lui lança des épigrammes sur ses goûts obstinés de célibataire; mais il se laissa patiemment aiguillonner par la satire.

« Je me créais en perspective, dit-il, dans *Joseph Delorme* [1] un idéal de mariage, dans lequel le sacrement n'entrait pour rien. »

L'amour libre du saint-simonisme et le système éhonté du *treizième arron-*

---

[1] Page 10.

dissement sont proclamés par cette phrase audacieuse.

Bientôt notre critique essaya de réaliser son idéal.

Une soi-disant marquise espagnole, madame de Vaquès, unit sa destinée à celle de Joseph Delorme, et marcha librement à sa droite dans le sentier de la vie. Mais cet hymen, bien que dégagé du poids des chaînes ordinaires, ne conduisit pas au bonheur ceux qui en avaient allumé le flambeau.

Madame la marquise se montrait acariâtre, emportée, tyrannique.

Cela tenait beaucoup moins sans doute au système de mariage sans sacrement qu'à l'irritation causée par une maladie grave, dont la señora Vaquès était atteinte.

Elle finit par succomber à une phthisie pulmonaire.

Pensant qu'elle voudrait embrasser une dernière fois sa famille avant de mourir, Sainte-Beuve lui demanda les indications nécessaires pour se mettre à la recherche de ses parents et les amener auprès de son lit de souffrance.

Il ne put rien obtenir d'elle.

Enfin, au bout de longues démarches, il réussit à trouver un des frères de la dame, marchand de vins en détail à Belleville.

Cette prétendue marquise était une ancienne blanchisseuse.

Accompagné de sa femme, le marchand de vins accourut; mais, persistant jusqu'au bout dans son rôle aristocratique, madame de Vaquès le repoussa par un geste indigné.

— Quels gens m'amène-t-on ? cria-t-elle. Je ne les connais pas, faites-les sortir !

Le pauvre frère quitta la chambre, épouvanté d'un tel orgueil en face de la mort.

Sainte-Beuve fit enterrer madame la marquise avec beaucoup de pompe.

Depuis sa querelle avec Buloz, il s'était réfugié dans le *Constitutionnel*, où il entama cette série d'articles, encore inachevée de nos jours, et qui s'intitule *Causeries du lundi*[1].

C'est une longue paraphrase de son livre : *Critiques et Portraits*. Il tourne éternellement dans le même cercle.

Eugène Pelletan dit avec beaucoup de justesse et d'esprit que Sainte-Beuve, ayant cherché la première fois une aiguille au milieu de mille bottes de foin, sans la trouver, reprend aujourd'hui ces mille bottes de foin, recommence à chercher l'aiguille, ne la trouve pas, et ne la trouvera jamais.

Véron, s'apercevant que les *Causeries* n'amenaient pas un abonné de plus au

---

[1] A l'heure qu'il est, l'ouvrage forme déjà dix volumes.

journal, réduisit l'auteur à cent vingt-cinq francs par article : juste le quart de ce que Janin touche aux *Débats* par feuilleton.

C'était humiliant !

Mais voici que Mirès achète le *Constitutionnel* et fait à Sainte-Beuve l'affront impardonnable de supprimer les *Causeries*.

Fort heureusement notre héros, ayant donné des marques de résipiscence [1], et n'allant pas ramasser au pied des guillotines le testament sacré de ses pè-

---

[1] Il avait publié ce fameux article intitulé *les Regrets*, que ses anciens amis les démocrates ne lui pardonnent pas, et dans lequel, par une dernière et suprême métamorphose, il se posait *courageusement* en homme sympathique au pouvoir.

res républicains, trouve accueil au *Moniteur* et touche le triple d'honoraires.

Le soleil d'or des faveurs gouvernementales commençait à l'éclairer de ses rayons.

Sainte-Beuve, dont chacun se plaît à reconnaître l'ineptie notoire, en fait de critique théâtrale [1], s'est vu nommer rapporteur de la commission des prix pour les ouvrages dramatiques.

On sait que les auteurs sont obligés de présenter eux-mêmes leurs pièces à ladite commission, sans quoi celle-ci

---

[1] Une seule fois il a publié une étude sur Molière, et ce travail est au-dessous de tout ce qu'il a fait de médiocre.

refuse de les examiner, et, par conséquent, ne les couronne pas.

Il est inutile de se livrer à de longues dissertations pour démontrer que ceci est absurde.

Après la gloire d'un succès et les suffrages unanimes du parterre, l'écrivain de mérite n'ira certes pas de lui-même chercher la concurrence à huis clos de pièces plus ou moins médiocres. C'est à la commission d'examiner indistinctement tous les produits dramatiques de l'année, sans attendre la démarche de personne.

Madame de Girardin, cet esprit si distingué, que les lettres françaises ne se consolent point d'avoir perdu, venait de donner *la Joie fait peur* au théâtre Richelieu.

Sainte-Beuve arrive chez elle.

— En vérité, madame, dit-il avec un ton câlin, la commission, dont je suis rapporteur, n'est pas contente. Nous attendions votre jolie pièce.

— Vraiment, répond Delphine.

— Oui, madame. Le prix vous était d'avance décerné.

— Pardon, monsieur Sainte-Beuve, ne confondons pas ! dit en souriant la dixième muse. Vous me passerez bien une petite fatuité, à moi qui suis femme. J'ai eu, si je ne me trompe, quelques succès véritables : eh bien, franchement, je me crois de ceux qui donnent des prix, et non de ceux qui en reçoivent.

M. le rapporteur s'en alla penaud.

Le 15 août 1853, à l'occasion de la fête de Sa Majesté, Sainte-Beuve obtint la croix.

Sur sa tête les honneurs tombaient comme grêle. A peine eut-il attaché le ruban rouge à sa boutonnière, qu'il fut choisi pour remplacer Tissot au collège de France.

Hélas! la jeunesse des écoles lui fit une abominable réception!

Modeste à la fois et radieux, notre professeur monte dans sa chaire de poésie latine et voit un auditoire imposant. La salle est comble.

Il s'incline, le sourire aux lèvres, et salue avec grâce.

On accueille ce salut par une salve éclatante.... de sifflets.

Surpris, mais non déconcerté, Sainte-Beuve déroule un manuscrit et commence à lire sa leçon.

Les sifflets redoublent. Sa voix s'éteint au milieu des huées. Vingt fois il cherche à dominer le tumulte, et vingt fois d'épouvantables clameurs le contraignent au silence. Il finit par se retirer, en levant les mains et en prenant le ciel à témoin de l'injustice des hommes.

A la seconde séance, même auditoire nombreux.

Quelques dames ont eu la curiosité

de connaître le célèbre Joseph Delorme, qu'elles ne tardent pas à voir entrer dans la salle, escorté de son ami Ampère et de son factotum Octave Lacroix.

Elles s'extasient devant ce petit homme, à la mine tout à la fois pouparde et vieillotte, et dont les joues luisantes, les yeux bleus, ronds et gros, la tête pointue et le front dépouillé ne laisseraient jamais croire qu'il a eu jadis des prétentions de séducteur.

Comme la première fois, il salue (c'est l'usage), et, comme la première fois, une tempête de sifflets répond à sa politesse.

Ampère glisse à l'oreille de son collègue de l'Académie quelques mots d'encouragement, et Sainte-Beuve, d'une voix chevrotante et monotone, entame une lecture sur Virgile.

On ne le laisse pas poursuivre.

Les scènes tumultueuses de la première leçon se renouvellent.

Sainte-Beuve croise les bras et fait bonne contenance. Nos perturbateurs se taisent, on s'imagine qu'ils veulent écouter; mais, soit trouble, soit accident, le malencontreux professeur se trompe de feuillet.

Il en résulte, dans sa lecture, un galimatias superbe, et l'on croit entendre une page de *Port-Royal*.

Par toute l'assemblée le rire éclate; le tapage recommence.

Les uns sifflent ou crient, les autres chantent ou frappent du pied sur le parquet sonore. Il pleut des quolibets et même des outrages. On soulève les banquettes, on décroche les portes ; puis les auditeurs se les passent de main en main, au milieu du plus effroyable charivari, du plus indescriptible désordre.

— Messieurs, crie le professeur, vous déshonorez la jeunesse française !

On lui riposte :

— Allons donc ! c'est toi qui déshonores la littérature !

— Messieurs, balbutie Sainte-Beuve, je serai forcé de me retirer, si...

— Va-t'en ! va-t'en ! ! va-t'en ! ! ! dit la foule avec un *crescendo* terrible.

Octave Lacroix prend la parole, et proteste au nom de la partie saine de l'auditoire. Mais il s'adresse à d'anciens camarades, à des étudiants, à des amis d'estaminet ; on l'invite à se taire.

Néanmoins, il y avait effectivement une partie saine, composée des amis du professeur. Tous se lèvent au milieu de la multitude effrénée.

Ils étaient cinq !

Après s'être comptés tristement, ils se rassirent.

Soudain, voyant que l'orage des sifflets ne s'apaisait point, l'un d'eux se leva de nouveau, monta sur une banquette et s'écria :

— Messieurs ! croyez-vous être aux Funambules ?

— Oui ! oui !... Voilà Paillasse !!

Et la foule implacable désignait le professeur.

Il succomba sous ce dernier coup de massue. Tout son courage l'abandonnait. On le vit descendre de la chaire de poésie latine, pour n'y plus reparaître.

Quelle leçon terrible ! A qui profitera-t-elle ?

En acceptant cette place au collége de France, Sainte-Beuve avait clos ses

Causeries du Lundi; mais il va les reprendre et chercher pour la troisième fois l'aiguille dans mille autres bottes de foin.

FIN.

Sonnet
imité de Wordsworth.

Des passions, la guerre ; une âme en frénésie,
qu'un éclatant forfait renverse du devoir ;
du sang ; des rois bannis, misérables à voir ;
ce n'est pas là dedans qu'est toute poésie.

De soins plus doux la Muse est quelquefois saisie ;
elle aime aussi la paix, les champs, l'air frais du soir,
un penser calme et fort, mêlé de nonchaloir ;
le lait pur des pasteurs lui devient ambroisie.

Assise au bord d'une eau qui réfléchit les cieux,
elle aime la tristesse et ses élans pieux ;
elle aime les parfums d'une âme qui s'exhale,

la marguerite éclose et le sentier fuyant,
et, quand Novembre étend sa brume matinale,
une fumée au loin qui monte en tournoyant.

Sainte-Beuve

Imp. Lith. V. Janson, rue Dauphine, 16, Paris.

LES CONFESSIONS
DE
MARION DELORME

PAR

EUGÈNE DE MIRECOURT.

Le roman moderne a failli à sa tâche. Au lieu d'organiser et d'instruire, il a, sur toute la ligne, accompli une mission de bouleversement et de mensonge. Parmi ces innombrables volumes jetés, depuis vingt ans, en pâture à la foule, trouvez une œuvre consciencieuse, un livre écrit à la fois pour l'esprit et pour le cœur, qui vous instruise en même temps qu'il vous amuse, et laisse en vous quelques idées fécondes.

Cette œuvre, on la cherchera vainement dans le bagage de nos faiseurs; ce livre, ils ne l'ont pas écrit, ils ne l'écriront jamais.

Donc, c'est à une autre génération littéraire qu'il appartient de réhabiliter la muse du roman. M. Eugène de Mirecourt est à la tête de ces courageux littérateurs qui veulent une renaissance et qui consacrent leurs efforts à l'accomplir. Son livre des *Confessions de Marion Delorme* a su joindre à l'intérêt soutenu du récit l'étude sérieuse de l'histoire. Le respect des traditions et des chroniques, la peinture de caractères la plus expressive et la plus fidèle sont les traits distinctifs de cet ouvrage. Tout un règne se développe aux yeux du lecteur avec les péripéties saisissantes qu'il a fait naître, avec les épisodes gracieux ou terribles dont les mémoires du temps ont gardé la trace. Autour de Marion Delorme, et dans le cadre dont l'auteur a fait choix, resplendissent les grandes figures historiques du cardinal de Richelieu, de Louis XIII, d'Anne d'Autriche, de Buckingham, de Mme de Chevreuse, de Bassompierre et de cent autres. Le drame et la comédie se donnent la main dans ces pages curieuses. Tout l'esprit de l'époque s'y résume. On y retrouve les traditions véritables, les détails authentiques, les piquantes anecdotes, les scènes intimes, les mœurs, les coutumes et le langage du siècle. Tout est reproduit dans cette forme si colorée, si attrayante, et avec ce style simple, élégant et rempli de verve, qui caractérisent les œuvres de M. Eugène de Mirecourt.

Nous avons acquis de l'auteur des *Contemporains* et de M. Gabriel Roux, son ancien éditeur, le droit d'illustrer les *Confessions de Marion Delorme*, et la publication par livraisons nous a paru la plus convenable pour éditer ce livre.

La première livraison paraîtra le 31 juillet 1855.

Conditions de la souscription :

Les *Confessions de Marion Delorme*, par Eugène de Mirecourt, formeront 2 volumes grand in-8° jésus.

20 gravures sur *acier* et sur *bois*, tirées à part, dessinées et gravées par les meilleurs artistes, illustreront cet ouvrage, qui sera publié en 60 livraisons à 25 *centimes*.

Chaque livraison contiendra invariablement 16 *pages de texte*. Les gravures seront données en sus.

Une ou deux livraisons par semaine.

L'ouvrage complet 15 francs.

ON SOUSCRIT A PARIS
Chez GUSTAVE HAVARD, Editeur,
15, RUE GUÉNÉGAUD, 15,
Et chez tous les libraires de la France et de l'étranger.

PARIS. — TYP. WALDER, RUE BONAPARTE, 44.

www.ingramcontent.com/pod-product-compliance
Lightning Source LLC
LaVergne TN
LVHW052103090426
835512LV00035B/965